PRINCIPES

ET

QUESTIONS

DE

MORALE NATURELLE.

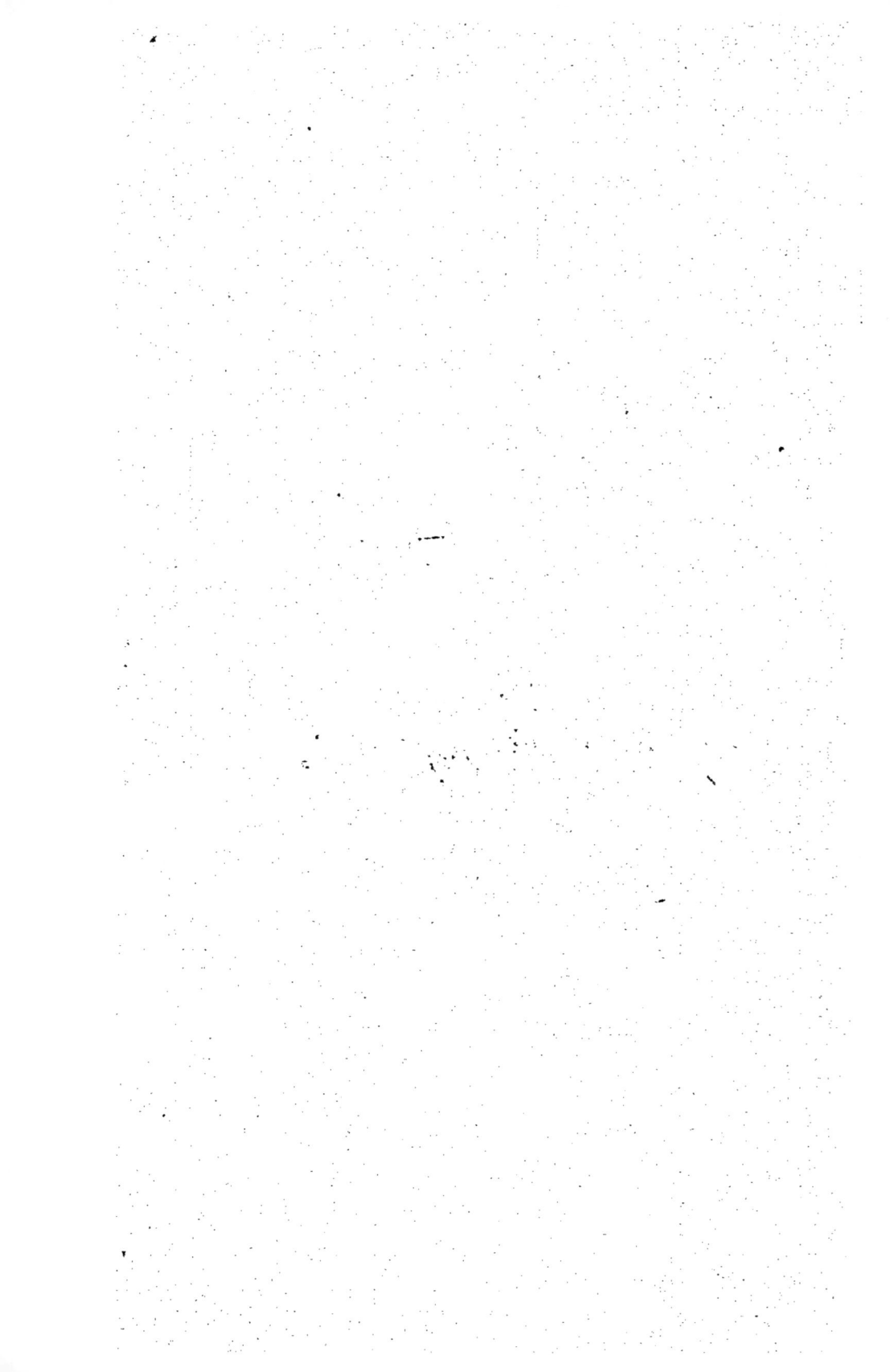

PRINCIPES

ET

QUESTIONS

DE

MORALE NATURELLE.

Par M. le Comte DE FORTIA.

YVERDON.

M. DCC. LXXXIII.

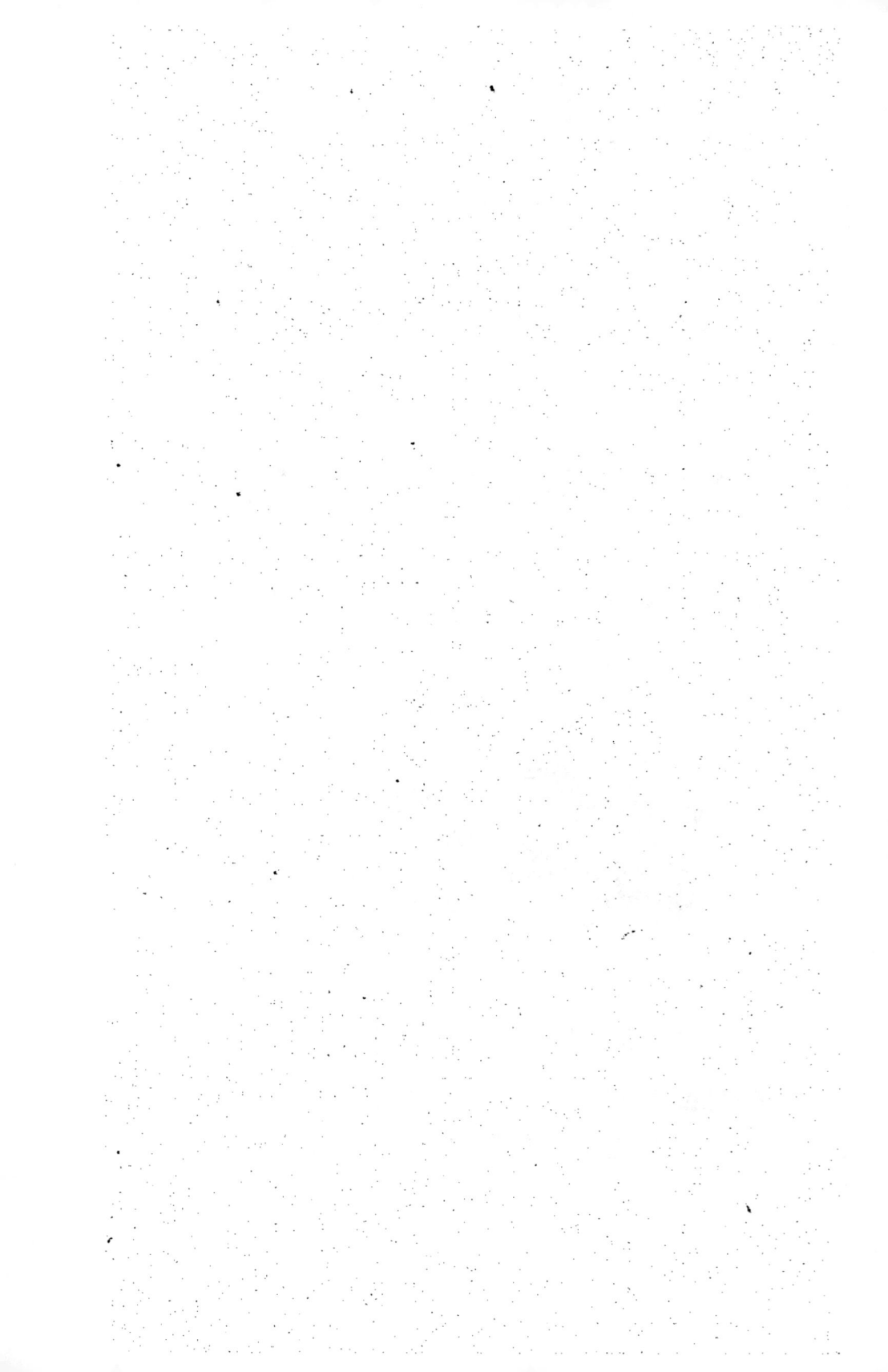

A MADAME

LA

COMTESSE DE .....

MADAME,

JE n'ignore pas combien cet ou-
vrage eſt peu digne de vous être
offert ; mais il contient l'éloge de la

A 3

vertu, & conséquemment le vôtre.
C'est à ce titre que j'ose vous le pré-
senter. Daignez l'agréer comme un
foible témoignage du plus entier dé-
vouement avec lequel je suis, &c.

Toujours aimable, toujours belle
Elle réunit tous les cœurs.
Ses bienfaits font tout son bonheur;
Savoir corriger un auteur
Est un amusement pour elle.

AVERTISSEMENT.

J'AI développé dans ces mélanges, quelques idées dont la publication m'a paru devoir indiquer à nos moraliftes des principes généraux qui peuvent leur fervir de bafe. J'ai cru que ces principes étoient nouveaux & exacts. Si je me fuis trompé, je fuis prêt à reconnoître mon erreur, & à rendre juftice à ceux qui m'ont précédé ou qui ont mieux fait que moi.

J'ai appliqué mes principes à la folution de plufieurs queftions morales, qui m'ont été faites par di-

verſes perſonnes. Je n'oſe me flat-
ter que mes réponſes ſatisfaſſent
tous mes lecteurs. Mon but ſera
rempli ſi j'ai ſeulement réuſſi à les
engager à réfléchir ſur des matieres
dignes d'occuper le loiſir de tout
homme honnéte,

PRINCIPES

ET

QUESTIONS

D E

MORALE NATURELLE.

I.

Pourquoi les hommes s'accordent - ils presque tous à louer le tems passé aux dépens du tems présent ?

IL est surprenant que la plupart des hommes s'accordent à louer le tems paſſé aux dépens du tems préſent : il ſemble que la lecture de l'hiſtoire devroit ſuffire pour arrêter cette opinion ; car preſque tous les hiſtoriens paroiſſent avoir pris plaiſir à peindre les malheurs de leur ſiecle. Je vais eſſayer de rendre raiſon de cette ſingularité.

Peu d'hommes ſont heureux ; mais tous cherchent à le devenir.

La jeuneſſe & l'inexpérience rendent préſomptueux. Il y a peu de jeunes gens qui ne s'imaginent ſavoir tout ce qu'il faudroit pour qu'ils fuſſent heureux. Ils ont des projets tout formés, auxquels il ne manque que l'exécution.

L'eſpérance leur donne l'appa-

rence du bonheur. Si même ils viennent à bout de ce qu'ils ont entre-
pris, les premiers inſtans pendant
leſquels ils jouiſſent, ſont heureux.

Alors tout prend à leurs yeux une
forme agréable : le monde leur paroît aller à merveille ; tous les hommes ſont honnêtes & ſenſibles comme eux ; leur pays, leur gouverne-
ment, ont toute la perfection dont
ils ſont ſuſceptibles.

Mais la plupart des jeunes gens
ont de mauvais guides. Ceux qui
ſeroient capables d'être heureux au
milieu d'un peuple vertueux, &
c'eſt le plus grand nombre, ſont
contrariés & arrêtés par les préjugés
d'un peuple corrompu : ou ils y

cedent, & ils font malheureux ; ou ils entreprennent de les corriger, & ils font encore malheureux. Une infinité de mauvais exemples retarde au moins leur marche vers la vertu, qui feule peut nous procurer un vrai bonheur. Mille paffions trop vives les troublent & les inquiétent. Enfin un grand nombre de raifons qu'il eft plus aifé de fentir que de détailler, leur font adopter des projets infenfés. Ils ont cru trouver leur bonheur dans une chofe qui le plus fouvent eft capable de les conduire à un ennui mortel, ou à un défefpoir fans retour.

Le moment de l'illufion paffe bientôt : ils font éclairés & malheureux.

De nouveaux projets totalement oppofés aux premiers, fe préfentent à leur imagination ; ils s'y livrent, fe trompent encore, & s'apperçoivent de leur méprife. Enfin ils parviennent à connoître leur foibleffe & leur ignorance.

Gémiffant fur leur impuiffance, ils déplorent le malheur de la condition humaine. Tout ce qui autrefois leur fembloit aller fi bien, leur paroît actuellement rempli de défauts. Jugeant du refte du monde par ce qui s'eft paffé en eux-mêmes, ils imaginent que tout a pris une nouvelle forme, & qu'aulieu du bonheur qu'ils avoient cru partager avec le refte des hommes, ils n'ont plus, ainſi que leurs ſemblables, que des peines à reſſentir.

Imbus de cette opinion, ils la donnent à ceux qui viennent après eux ; ceux - ci, paſſant par les mêmes ſituations, s'y livrent d'autant plus facilement, & la communiquent à leurs deſcendans.

C'eſt ainſi que d'une génération à l'autre, ſe tranſmet une erreur groſſiere qui doit toujours aller en augmentant, juſqu'à ce que les hommes, étonnés enfin de trouver en eux-mêmes une opinion auſſi contraire à la vérité, ouvrent les yeux, & s'apperçoivent, en liſant les hiſtoires anciennes, & en réfléchiſſant ſur ce qui s'eſt paſſé avant eux, que dans tous les fiecles, le genre humain a eu une très-légere portion de bonheur, & qu'il en fera toujours de même jufqu'à ce que nous apprenions à profiter de l'expérience des autres.

Alors, au lieu de déplorer inutilement les malheurs de notre condition, nous chercherons quelles en ont été les caufes dans tous les tems. Si ces caufes font hors de nous & dans la nature des chofes, nous ne nous affligerons pas d'un mal nécessaire : fi ces caufes font dans nous, & viennent feulement de notre ignorance, nous nous efforcerons d'acquérir les lumieres qui nous manquent, & d'en profiter pour notre bonheur, celui de nos contemporains, & celui de notre postérité.

I I.

Principes de morale naturelle.

§. 1. *Sur l'obéiſſance que nous devons aux loix.*

IL y a peu d'hommes qui faſſent conſiſter leur bonheur dans les mêmes choſes ; mais tous cherchent à devenir heureux. La plupart ſont cependant malheureux, au moins dans la plus grande partie de leur vie. Il faut donc qu'ils ne connoiſſent pas ce qui eſt néceſſaire pour leur bonheur; ou s'ils le connoiſſent, qu'ils n'ayent pas le pouvoir d'exécuter leurs projets.

Nous fommes malheureux par ignorance ou par foibleffe, plus fouvent encore par le concours de ces deux caufes ; mais on peut dire que l'ignorance eft la principale : car fi nous favions précifément jufqu'où s'étend notre pouvoir, nous ne formerions point de projets au-deffus de nos forces & elles ne nous manqueroient jamais.

Puifque c'eft notre ignorance qui nous rend malheureux, nous devons chercher à acquérir des connoiffances fur le bonheur qui nous convient & fur les moyens que nous devons employer pour y parvenir aifément.

Mais nous fommes unis en fociété, & des hommes diftingués par leurs lumieres ou par leur puiffance, fe font déja occupés de notre bonheur. Ils ont établi pour cet objet des loix auxquelles nous devons nous conformer ; il feroit injufte de prétendre être plus éclairés qu'eux & que tout le refte de notre fociété qui y obéit.

Nous ne devons pas néanmoins nous en rapporter aveuglément à ce qu'elles nous ordonnent. Quoique nous ne devions pas imaginer leur être fupérieurs en connoiffances, il eft naturel que nous recherchions les motifs du légiflateur, quand ce ne feroit que pour mieux connoître l'efprit de la loi.

D'ailleurs la conſtitution phyſi-que & morale de chaque homme étant différente, les moyens que chaque homme a d'être heureux, ſont différens, & tous ne doivent point agir de la même maniere; ainſi les loix ne peuvent être les mêmes pour tous, que dans les cho-ſes générales, & point du tout dans celles qui dépendent de notre conſ-titution particuliere.

Il ſe peut même que la ſituation de toute notre ſociété ſoit tellement changée, que les loix ou une par-tie d'entr'elles, doivent changer auſſi. Dans ce cas, il eſt clair qu'elles auront beſoin d'être refor-mées.

Je dirai plus : quelque eſtime que nous ayions pour le légiſlateur, nous ne pouvons pas nous diſſimuler qu'il a été homme & ignorant comme nous , & que par conſéquent il a pu ſe tromper. Si donc après de mûres réflexions , nous croyons ne pouvoir pas douter d'une erreur qu'il a commiſe , il eſt de notre devoir de faire tout ce qui dépendra de nous pour la corriger ; mais ce doit être avec de grandes précautions. J'ai déja obſervé que nous ne devons pas nous ſuppoſer plus de lumieres qu'à notre légiſlateur & à notre ſociété.

Il ne ſuffit même pas de connoître l'erreur de notre légiſlateur pour pouvoir prétendre à la corriger, il faut encore que nous puiſſions faire reconnoître cette erreur à notre ſociété, de laquelle nous ne nous ſéparerions qu'en préférant nos lumieres aux ſiennes, ce que nous ne ſommes pas en droit de faire.

Il eſt vrai qu'il ne dépend pas de nous d'avoir une autre façon de penſer; mais cela ne doit pas nous empêcher de nous conformer aux autres dans nos actions, & même dans nos diſcours, dès que nous ſaurons certainement que le reſte de notre ſociété a une façon de penſer différente de la nôtre, & qu'il n'eſt pas en notre pouvoir de l'empêcher.

§. 2. *Quel eſt l'objet des loix , & en quoi conſiſte le bonheur ?*

Puiſque notre bonheur eſt l'objet des loix, il faut ſavoir en quoi il conſiſte , afin de connoître les loix, qui ne ſont autre que les moyens que les légiſlateurs ont jugé les plus faciles pour y parvenir.

Il eſt évident que pour être heureux, il ſuffit que nous croyions l'être. Le bonheur dépend donc du contentement intérieur.

Le moyen de ſe contenter ſoi-même, n'eſt pas de ne former aucun deſir ; car nous ſavons que nous ſommes ignorans & imparfaits, & quoique perſonne n'ait encore atteint la perfection, nous pouvons cependant préfumer qu'il nous eft poffible d'en approcher davantage par le moyen des connoiffances que nous pouvons acquérir.

Il faut donc que nous fouhaitions quelque chofe ; mais nos defirs doivent être aifés à fatisfaire ; en nous propofant quelque chofe d'impoffible, nous ne pourrions devenir heureux, puifque nous ne pourrions parvenir au but que nous nous ferions propofé.

La premiere idée qui fe préfente fur le bonheur, c'eft que nous ne devons point le faire confifter en quelque chofe qui faffe le malheur de la plus grande partie de notre fociété.

ciété. En effet comment alors pour-
rions-nous devenir heureux ? Nous
nous proposerions une chose impos-
sible ; & quand même nous parvien-
drions à notre but en trompant notre société, la crainte seule qu'elle
n'ouvrît un jour les yeux, & la con-
noissance intérieure que nous au-
rions de son malheur, nous tour-
menteroient continuellement.

Si au contraire nous faisons con-
sister notre bonheur en quelque chose qui rende heureux aussi une,
deux, trois, vingt personnes, ou
même toute notre société, il est clair
qu'il doit nous être plus aisé de la
persuader, puisque nous ne chercherons plus à la tromper; & quand

B

nous l'aurons convaincue, il y aura une, deux, trois, vingt perſonnes, & même toute notre ſociété, qui ayant le même objet que nous, y concourront avec nous.

Il nous ſera bien plus facile alors d'approcher de la perfection ; car ce que nos connoiſſances ſeules n'auroient pu faire, celles de toute notre ſociété réunie le feront ſans peine.

Il ſuit évidemment de tout ce que je viens de dire, que plus notre bonheur eſt lié à celui de nos ſemblables, & plus il ſera grand, & aiſé à perfectionner.

Mais il faut bien prendre garde de ne point ſe méprendre : car ſi

malheureufement nous nous fommes trompés fur les moyens de rendre notre fociété heureufe, nous ne
reconnoiffons notre erreur que par
les mauvais effets qu'elle aura pro-
duits, nous ferons d'autant plus malheureux que nous aurons entraîné
dans notre malheur un plus grand
nombre de nos femblables ; & fi
toute notre fociété a perdu fon bonheur par notre faute, nous ferons
auffi malheureux qu'il eft poffible
de le devenir.

Il fera donc plus prudent, avant
d'entreprendre de rendre notre fociété heureufe, de commencer par
agir fur nous-mêmes, afin de nous

en rendre capables par nos connoiſſances.

Enſuite nous travaillerons au bonheur de notre famille, en cherchant
à en réunir tous les membres & à
leur donner à peu près les mêmes
idées, ou du moins en empêchant
qu'ils en aient d'eſſentiellement différentes dans des choſes importantes.

Avec le ſecours de notre famille,
il nous fera plus aiſé de travailler
efficacément au bonheur de ceux
qui nous approchent de plus près
& de notre patrie: nous y réuſſi-
rons en les uniſſant encore, en les
engageant à obéir tous aux mêmes
loix, & en corrigeant les loix, ſi

quelqu'une nous paroît peu con-
venable.

Le bonheur se répandra ainsi de
proche en proche , & peu à peu ; &
si nous agissons avec toute la prudence & toutes les connoissances
dont nous sommes capables , nous
parviendrons à rendre toute notre
société heureuse , & conséquemment à être aussi heureux qu'il est
possible.

Mais il faut observer que dès le
commencement, nous devons avoir
en vue le bonheur de notre société.
Nous ne devons point conséquemment, en cherchant à rendre notre
famille heureuse, contribuer au malheur de notre patrie , ni en faisant

le bonheur de notre patrie, contribuer au malheur de notre société, ni même travailler à rendre notre société heureuse aux dépens des autres sociétés : car qui empêche que nous ne nous occupions du bonheur de tous les hommes indiſtinctement ? Nous ſommes à la vérité bien foibles pour une pareille entrepriſe ; mais nous ne devons pas nous décourager pour cela, ni déſeſpérer qu'avec des connoiſſances & de l'expérience, aidés d'une société nombreuſe, nous puiſſions y parvenir.

§. 3. *Sur les moyens de faire notre bonheur particulier.*

Le premier objet de nos connoiſſances doit donc être notre bon-heur particulier, & le moyen d'y parvenir.

La ſanté eſt un des biens les plus précieux. Il eſt difficile que l'eſprit ſoit ſatisfait lorſque le corps ſouffre. Il faut cependant faire des efforts ſur ſoi-même pour ne pas ſe laiſſer abattre par le mal phyſique. Si les douleurs phyſiques contribuent à déranger l'économie, le chagrin & la triſteſſe à leur tour, augmentent les maux du corps, & les empê-chent de ceſſer.

Nous devons donc chercher à prévenir les maladies par un régime ſain & un exercice modéré: mais ſi malgré nos précautions, il nous

B 4

arrive d'être incommodés, il faut prendre patience, & chercher quelle a pu être la caufe de notre dérangement, afin de la retrancher, & de ne plus être expofés une autre fois à des maux femblables.

La fanté de l'ame s'acquiert, pour ainfi dire, comme celle du corps ; par un régime fain, & un exercice modéré. L'ame fuit un régime fain, lorfque nous ne négligeons aucune de nos affaires, & que nous les conduifons avec un tel ordre qu'elles vont en quelque forte toutes feules. L'exercice modéré de l'ame, n'eft autre chofe que l'étude de quelque fcience qui puiffe nous être utile dans nos projets, & remplir agréablement nos momens de loifir.

Cette étude eft d'autant plus néceſſaire, que nous ne pouvons prévoir les événemens auxquels nous ſommes expoſés, & que pour aſſûrer notre tranquillité, il faut que nous ayons des connoiſſances qui puiſſent être notre derniere reſſource dans le cas où nous nous trouverions reduits à nos ſeules forces pour conſerver notre exiſtence.

C'eſt même une étude également utile & agréable, que de chercher les moyens que nous employerions pour ſubſiſter ſi nous étions dénués de tout ſecours.

L'habitude de cette penſée nous
prépare à tous les événemens, &
nous fait agir avec plus de fer-
meté dans les occaſions où nous
nous trouvons appellés à faire de
grands efforts pour réuſſir dans
nos projets.

Nous avons encore un beſoin
qui eſt l'origine de bien des plaiſirs & de bien des chagrins : la
nature a voulu que nous périſ-
ſions, & que notre eſpece fût per-
pétuée par l'union des deux ſexes.

La mort eſt un grand ſujet de
crainte pour nous, mais il faut
avouer que nous en ſommes bien
dédommagés, ſi nous ſavons faire
un bon uſage de cette autre loi

de la nature ; fi nous choififfons
une femme aimable, qui faffe toute
fon étude de notre bonheur ; fi par
elle , nous donnons la vie à de
jeunes créatures femblables à nous,
auxquelles nous infpirons nos principes ; fi enfin par le moyen de
nos enfans, nous parvenons à per-
pétuer le bonheur que nous avons
cherché à établir dans notre famille, dans notre fociété , dans l'u-
nivers.

Ce befoin doit être fatisfait comme les autres. Quand même il
feroit vrai que le mariage fît beaucoup de malheureux, devons-nous
réfifter au vœu de la nature, ou
pour le fatisfaire fans danger, per-

vertir les loix de la fociété, & le but de la nature ?

Non : il faut nous expofer hardiment à un danger que tout exige que nous courrions. Peut-il être impoffible de trouver une femme vertueufe, & de donner une bonne éducation à fes enfans ? Si cela étoit, le genre humain feroit néceffairement malheureux ; notre unique reffource feroit la mort.

§. 4. *Sur les moyens de rendre notre famille heureufe.*

Le fecond objet de nos connoiffances, eft le bonheur de notre famille, & le moyen d'y parvenir.

Il eſt d'abord évident que chacun de ceux qui compoſent notre
famille , a dû chercher ſon bonheur, comme nous l'avons cherché nous mêmes ; mais il peut ſe
faire que tous n'ayent pas choiſl
les mêmes moyens.

Dans ce cas , nous devons comparer avec ſoin leurs principes aux
nôtres, & ſi nous jugeons que les
nôtres ſont meilleurs , nous devons faire tout ce qui dépend de
nous pour les leur inſpirer.

Si nous ne pouvons pas réuſſir,
comme nous ne devons pas pré-
férer nos lumieres aux leurs, nous
devons renoncer à notre entrepriſe, & conformer nos actions aux

leurs, s'ils l'emportent fur nous par leur nombre ou par leur expérience : finon, nous devons fuivre nos principes jufqu'à-ce que notre exemple & nos confeils les ayent fait changer de conduite.

Je ne crois pas que dans aucun cas nous devions nous féparer de nos parens, c'eft-à-dire féparer leur bonheur du nôtre : car fi nous leur fommes inférieurs, nous devons céder ; fi nous leur fommes fupérieurs, nous devons penfer que notre fupériorité jointe à la force de nos raifons les fera céder à la fin, fans employer la violence à laquelle nous ne devons jamais avoir recours, puifque notre fupé-

riorité eſt ſeulement une plus grande probabilité de la force de nos
raiſons, mais non une certitude
entiere ; & cette certitude ſeule
pourroit juſtifier la violence.

S'il ſe trouve que nos parens
ſont déjà ſéparés, nous devons
chercher à les réunir en compa-
rant la force de leurs raiſons, leur
nombre & leur expérience, & en
engageant à céder ceux que nous
croyons avoir de moins bonnes
raiſons, ou ceux que leur foibleſſe
ou leur inexpérience doivent engager à céder.

Si nous jugeons cette réunion
impoſſible, nous devons diminuer
autant qu'il ſera en nous, les ſu-

jets de défunion, & en empêcher les mauvais effets, fans jamais nous féparer de l'un ni de l'autre parti : car les raifons qui nous empêcheroient de nous féparer de toute la famille, ont encore lieu lorfqu'il ne s'agit que d'une partie de la famille.

Je comprends fous le nom de famille les amis de chacun de ceux qui la compofent : non pas les amis de fociété, avec qui ils n'ont que des liaifons paffageres ; mais ceux avec lefquels ils ont été unis par la conformité de leurs fentimens & de leurs caracteres, ou par de grands fervices qu'ils en ont reçus, ou qu'ils leur ont rendus.

Notre liaison avec nos amis doit être indissoluble, comme celle que nous avons avec nos parens, & par les mêmes raisons, rien ne doit nous priver de l'espoir de les rendre heureux & du plaisir de travailler à leur bonheur, dès que nous aurons assez de connoissances pour pouvoir nous promettre d'y réussir.

§. 5. *Sur les moyens de rendre heureux notre patrie, notre société & l'univers.*

Quand nous serons parvenus à inspirer de bons principes à toute notre famille & à nos amis, il nous fera aifé de faire le bonheur de notre patrie.

Pour y réuffir, nous tâcherons de terminer à l'amiable tous les différens qui furviendront entre nos compatriotes. Nous examinerons attentivement quelle eft la caufe de ceux qui arrivent le plus fouvent; & fi elle provient du défaut ou de l'exiftence d'une loi, nous engagerons nos concitoyens à l'admettre ou à la rejetter, fuivant que nous l'aurons jugé néceffaire.

Si nous ne pouvons réuffir dans ce projet, nous ne nous opiniâtrerons pas, & nous conclûrons que nos raifonnemens ne font point

encore fondés fur une expérience
affez longue & affez répétée. Nous
la renouvellerons , & fi d'autres
effais nous conduifent toujours aux
mêmes réfultats , nous renouvellerons auffi notre propofition , jufqu'à-ce que nous foyons parvenus
à nous faire comprendre.

Il en fera de même du bonheur
de notre fociété , & de toutes les
nations qui compofent l'univers :
ce fera toujours en les réuniffant,
& en établiffant un bon ordre entr'elles , que nous les rendrons
heureufes.

Repréfentons nous le monde entier fuivant les mêmes loix , mo-
difiées feulement par la conftitu-

tion particuliere de chaque nation.
Imaginons que tous les peuples de
la terre vivent dans une profonde
paix , que tous concourent au
même objet, au bonheur de l'homme pris en général & en particulier. Peut-être fera-ce une chimere;
peut-être cette illufion ne fe réali-
fera-t-elle jamais ; mais il fera toujours bien fatisfaifant de pouvoir
fe dire à foi-même qu'on n'a jamais
rien fait qui y fut contraire , &
que même on y a contribué autant qu'on l'a pu.

I I I.

Lequel des deux eſt le plus difficile d'être parfaitement vertueux , dans l'extrême opulence , ou dans l'extrême pauvreté ?

LEs *richeſſes* conſiſtent dans la quantité d'*argent* qu'on poſſede , & l'*argent* a été inventé pour re-préſenter tout ce qui entre dans le commerce.

Or il n'entre dans le commerce que ce qui peut ſervir à ſatisfaire nos beſoins , ou à nous procurer des plaiſirs.

L'homme le plus *riche* ſera donc

celui qui aura le plus de moyens pour satisfaire ses besoins, ou pour se procurer des plaisirs ; & celui qui aura le moins de moyens, sera le plus *pauvre*.

Celui qui seroit parfaitement vertueux, seroit aussi parfaitement heureux : la vertu n'est autre chose que l'art de se rendre heureux.

Celui qui distingue son bonheur du bonheur de ses semblables, est un insensé. Si tout le monde suivoit ce principe, chaque homme seroit intéressé à nuire aux autres hommes, & nous serions tous nécessairement malheureux.

'Etre vertueux, être heureux, & faire le bonheur de ses semblables

font donc trois chofes qui fe fuppo-
fent mutuellement l'une l'autre ,
& un homme qui feroit parfaitement vertueux, devroit avoir rendu
heureux tous fes contemporains,
& avoir préparé le bonheur de toute
fa poftérité.

Il eft évident que le bonheur ne
confifte pas dans les moyens qu'on
a de fe le procurer, mais dans
la maniere dont on emploie ces
moyens.

Le bonheur n'eft donc pas dans
les richeffes , mais dans l'emploi
qu'on fait des richeffes.

Puifque la vertu eft l'art de rendre
heureux, elle fera donc auffi l'art de
faire un bon emploi des richeffes.

Celui qui feroit tellement pauvre, qu'il feroit abfolument dépourvu, non feulement d'argent, mais des moyens d'en acquérir, ne pourroit être vertueux : car pour bien employer une chofe, il faut commencer par l'avoir.

Ce n'eft donc pas de cet homme qu'il s'agit, mais feulement de celui qui n'auroit aucunes reffources pour avoir de l'argent, que celles qu'il trouveroit dans fon corps ou dans fon efprit.

L'exercice peut feul former le corps ou l'efprit, ce n'eft qu'après avoir entendu plufieurs fons, que nous diftinguons les fons agréables de ceux qui ne le font pas ; ce n'eft

n'eſt qu'après avoir longtems mar-
ché, que nous apprenons à bien
marcher, & que nous pouvons le
faire ſans nous fatiguer; enfin ce
n'eſt qu'après avoir ſouvent jugé,
que nous apprenons à bien juger,
& à embraſſer dans nos jugemens
un grand nombre d'objets.

Le corps & l'eſprit ſont les organes par le moyen deſquels la vertu
s'exerce: ainſi plus le corps & l'eſprit auront eu d'exercice, & plus
l'homme deviendra aiſément vertueux.

Mais ſi quelqu'un déjà vertueux,
nous guide dans nos exercices, &
éclaire notre marche, il eſt évident
qu'il nous ſera beaucoup plus facile

C

d'acquérir promptement la vertu.

Celui donc qui deviendra le plus aifément vertueux, fera celui de qui le corps & l'efprit auront été le plus exercés, & qui aura trouvé les meilleurs maîtres.

L'homme extrêmement pauvre aura fort peu de moyens pour fatisfaire fes befoins, il faudra donc qu'il donne plus d'exercice à fon corps & à fon efprit, que l'homme extrêmement riche dont les defirs feront prévenus : celui-ci aura conféquemment moins de facilité à devenir vertueux. Cherchons à préfent celui qui aura les meilleurs maîtres.

Nos fupérieurs, nos égaux, & nos inférieurs, peuvent nous inftruire. Ceux de qui nous apprendrons le plus, feront nos égaux, car ils fe trouvent précifément dans les mêmes fituations que nous, nos fupérieurs s'y étant auffi trouvés prefque tous un certain tems, font après eux nos meilleurs maîtres. Enfin nos inférieurs ne nous apprendront que fort peu de chofe, parce qu'ils n'ont prefque jamais éprouvé des fenfations femblables aux nôtres : ceux-ci feront même plutôt capables de nous corrompre que de nous inftruire.

Les hommes peuvent être divifés en trois claffes : ceux qui font extrêmement riches, ceux qui font extrêmement pauvres , & ceux dont la fortune eſt médiocre.

La premiere claſſe eſt la moins nombreuſe; enſuite vient la ſeconde, & enfin la troiſieme, qui renferme le plus d'individus.

L'homme extrêmement pauvre ayant plus d'égaux que l'homme extrêmement riche, & n'ayant que des ſupérieurs, aura un plus grand nombre de maîtres, & en aura de meilleurs: il ſera donc encore celui qui trouvera le plus de facilité pour acquérir la vertu.

Toutes choſes d'ailleurs égales du côté des organes, le pauvre ſera donc plus aiſément vertueux que le riche.

Mais l'exercice, après avoir augmenté les forces du corps, les diminue, en sorte que le pauvre qui aura passé une grande partie de sa vie à être dépourvu des moyens d'être heureux, en passera une autre partie à perdre peu-à-peu ce qu'il aura acquis, & lorsqu'il se trouvera en possession des moyens de rendre son bonheur plus étendu, il aura perdu du côté des organes, ce qu'il aura gagné du côté de l'exercice de ces mêmes organes. Il lui sera donc facile d'être vertueux, mais difficile d'être parfaitement heureux.

Au contraire si l'homme riche vient à bout de surmonter toutes les difficultés qui s'opposent à son bonheur, & s'il est doué d'organes assez

bons pour réfifter à tout ce qui tend
à le corrompre, comme il fe trouvera tout de fuite des moyens fort
grands, il lui fera plus aifé d'être
parfaitement heureux & parfaitement vertueux.

IV.

Un homme très-amoureux d'une femme, de laquelle il est aussi tendrement aimé, doit-il l'épouser, s'il a la certitude de ne pouvoir la rendre que très-malheureuse, vu les circonstances où il se trouve? & ceci posé, que doit-il faire si cette même femme, à cause de son amour pour lui, vouloit manquer une occasion de se marier, que suivant les apparences, elle ne retrouveroit jamais?

CHEZ tous les peuples policés, l'union de l'homme & de la femme ne se fait qu'avec certaines cérémonies & des promesses réciproques entre les deux époux : c'est ce qu'on appelle le *mariage*.

L'*amour* est une passion par laquelle un homme desire de s'unir avec une certaine femme, préférablement à toutes les autres.

Un homme ne doit s'unir avec une femme, qu'autant qu'il n'en connoît aucune autre avec laquelle il aime mieux s'unir.

Un homme amoureux ne doit donc épouser que la femme qu'il aime.

Il en est de même de la femme par rapport à l'homme, & une femme ne peut épouser que l'homme dont elle eft amoureufe.

Si donc un homme & une femme s'aiment mutuellement , puifque le mariage eft un devoir , c'eft encore un devoir pour eux de s'époufer.

Il eft vrai que l'homme & la femme étant foibles, ils ne peuvent être furs de penfer toujours de la même maniere ; & ce n'eft que cette affurance qui , abfolument parlant, peut rendre le mariage un devoir à leur égard.

Mais fi nous exigions cette pré-cifion dans toutes nos actions, nous n'agirions jamais : un homme fage doit examiner attentivement fes mo-tifs ; & fi après une mûre délibéra-tion, la balance penche toujours

du même côté, il doit fe détermi-
ner en conféquence, & perfonne
n'eft en droit de lui en faire un re-
proche.

Il peut cependant arriver qu'un
homme connoiffe tellement la façon
de penfer de la femme qu'il aime &
dont il eft aimé, que vu les cir-
conftances où il fe trouve, il juge
que peu de tems après le mariage,
il ceffera d'être aimé.

Ce n'eft que dans ce cas, qu'un
homme peut croire que la femme
qu'il aime fera malheureufe avec lui,
ou bien dans celui où lui-même
craindroit de ne plus l'aimer un jour.
Car, quelque chofe qui arrive,
pourvu qu'ils ayent tous deux de

quoi pourvoir à leur fubfiftance ,
s'ils s'aiment, ils ne peuvent être
malheureux l'un par l'autre ; du
moins le feroient-ils encore davantage s'ils s'aimoient toujours & n'é-
toient pas mariés.

Si la crainte de l'homme va jufqu'à la certitude , & qu'il foit con-
vaincu que la femme qu'il aime , eft
capable d'en aimer un autre plus
que lui après le mariage, ou feulement de fe répentir férieufement
de l'avoir époufé, il doit renoncer
à fes efpérances, & employer tous
les moyens que fon efprit & les cir-
conftances pourront lui fuggérer,
pour défabufer fon amante, & l'oublier lui-même.

S'il n'a que des doutes, fon devoir eſt de les expofer à la femme qu'il aime & de lui avouer les raiſons qu'il a de craindre. Il ne doit rien cacher à fon amante, au moins de ce qui la regarde perſonnellement. Qu'il ne fe faffe pas un fcrupule de l'affliger! il ne le feroit pas moins s'il ne l'époufoit pas, & plus encore, s'il l'époufoit,

Si cette femme trouve préciſément alors une occafion de fe marier, & fi les apparences donnent lieu de prévoir qu'elle n'en trouvera jamais d'autre, c'eſt une raiſon très-forte de plus pour l'homme, de déclarer fa façon de penfer.

Si après que l'homme l'a fait, &

l'a fait avec le plus de force qu'il lui
a été poffible, fi après qu'il a em-
ployé tous les moyens qu'il a pu
trouver pour la défabufer, fi enfin
après un certain tems proportionné
à la perfuafion où il eft de l'in-
conftance à venir de la femme qu'il
aime, & à la force de la raifon de
fon amante, elle perfifte à defirer
de s'unir avec lui, il doit rentrer
en lui même, & ne pas fe confier
affez en fon propre jugement, pour
méprifer entiérement celui de la
perfonne qu'il aime, continuer de
la tourmenter, & lui caufer un
malheur réel pour éviter un malheur
imaginaire.

Alors il peut & il doit lui offrir

fa main, & écarter de fon efprit une idée qui n'eft propre qu'à l'inquié-ter, & contre laquelle il doit être fuffifamment raffuré par l'épreuve qu'il a faite.

V.

Un homme très - sensible peut - il se rendre très - heureux ?

LE plus grand bonheur possible doit être l'effet de la plus grande vertu. Or un homme n'est vertueux que lorsqu'il fait le bien ; & pour faire le bien, il faut en avoir le pouvoir & la volonté. Celui donc qui réunira les plus grands moyens aux plus grands desirs, sera celui qui deviendra le plus heureux.

Si quelqu'un se trouvoit avoir plus de desirs que de moyens, il feroit insensé : c'est manquer de raifon, que de vouloir plus qu'on ne peut. Celui-là feroit très - vertueux dans l'intention ; mais dans le fait, il ne feroit ni vertueux, ni heureux. Je ne parle pas ici du bonheur d'illufion qui n'eft que perfonnel & momentané.

Si au contraire un homme avoit moins de defirs que de moyens, il feroit blâmable ; car il ne feroit pas tout le bien qu'il pourroit faire. Il pourroit à la vérité n'être pas malheureux ; mais il ne feroit pas auffi heureux qu'il pouvoit le devenir.

Enfin, fi quelqu'un employoit à faire le mal les moyens qu'il a de faire le bien, il feroit puniffable ; car fon but feroit précifément con-

traire à celui de l'homme vertueux ;
qui est le bonheur de la société humaine.

Pour être vertueux & heureux
autant qu'il est possible, il faut donc
non seulement vouloir le bien, mais
encore proportionner ses desirs à
ses moyens ; & parmi tous ceux
qui auront cette science, celui qui
fera le plus vertueux, fera comme
je l'ai déjà dit, celui qui aura le
plus de moyens, & le plus de desirs
d'en faire un bon emploi.

C'est le jugement qui nous ap-
prend à proportionner nos desirs à
nos besoins ; c'est lui qui nous fait
connoître nos propres forces, &
qui nous indique la maniere la plus

avantageufe de nous en fervir.

Or plus notre fenfibilité fera grande, moins notre jugement aura de liberté.

En effet le jugement confifte à rapprocher les uns des autres les objets qui fe préfentent à nos fens & à notre mémoire, afin de les comparer les uns aux autres, & de juger par ce moyen de ce qu'il peut y avoir de bon & de mauvais dans chacun.

La fenfibilité au contraire fixe notre attention fur un feul objet, & détache par conféquent nos fenfations les unes des autres. Auffi dit-on que ceux qui font très-fenfibles, ont l'imagination plus vive.

En effet l'imagination confiste à rapprocher l'une de l'autre des idées que nos fens nous préfentent ordinairement féparées, c'eft ce que ne peuvent pas faire ceux qui ont beaucoup de jugement.

Il eft bon de remarquer que le terme de fenfibilité pris dans l'acception que je viens de lui donner, n'eft autre chofe que l'extrême facilité à fe paffionner.

En effet l'homme judicieux eft réellement auffi fenfible que l'homme paffionné. La feule différence qu'il y ait entr'eux, eft que la fenfibilité du premier eft partagée entre plufieurs objets qu'il compare enfemble, au lieu que celle du fecond est bornée à un seul objet, vers lequel elle se porte toute entiere.

On pourroit exprimer cette différence, en disant que l'homme passionné a une sensibilité plus vive; & que l'homme judicieux en a une plus étendue.

Quoiqu'il en soit, il ne paroît pas douteux par les raisons que je viens d'exposer, que plus un homme sera sensible, & moins il aura de facilité à être vertueux.

L'homme très-sensible pourra cependant faire de plus belles actions que l'homme judicieux; mais il n'aura pas comme lui un projet suivi, raisonné, & invariable, de faire le bien, & le bon sens de ne se

propofer que celui qu'il peut exécuter.

Il eft cependant vrai que parmi
tous ceux qui feront judicieux, celui qui aura le plus de fenfibilité,
fera le plus vertueux: car fes fenfations feront plus vives; il aura
plus de moyens, & faura y proportionner fes defirs.

V I.

Si notre bonheur ne dépend pas de nous-mêmes, & notre malheur des autres ?

IL est rare de trouver deux per-sonnes qui ayent les mêmes idées sur le bonheur : les uns le placent dans les richesses ; d'autres préferent les honneurs ; quelques-uns se con-tentent des plaisirs des sens : il y a sur ce sujet presqu'autant d'opi-nions que de têtes.

Je ne décide point ici cette fa-meuse question ; mais de quelque maniere qu'on y réponde, il est certain que tout le monde defire quelque chofe, & travaille pour l'acquérir : cette recherche occupe notre efprit & toutes les facultés de notre ame ; c'eft notre vie.

Les caufes qui nous empêchent d'atteindre ce but de toutes nos actions, peuvent fe réduire à deux : notre ignorance, & notre foibleffe.

Notre ignorance fait que nous nous trompons fur ce qui doit nous rendre heureux ; fi elle duroit toujours, nous pourrions du moins jouir de notre illufion : mais le moment fatal arrive à la fin ; nos yeux fe défillent, & nous reconnoiffons que ce qui jufqu'alors avoit été l'objet de tous nos vœux, étoit à

peine digne de notre attention, si
même nous n'euſſions dû le fuir &
l'éviter ſoigneuſement.

Dans ce cas il eſt évident que
nous ne pouvons nous prendre de
nos malheurs qu'à nous mêmes. Les
autres nous ont peut - être ſéduits ;
mais il ne falloit pas nous laiſſer ſé-
duire, & nous ne l'avons été que
par notre faute : autrement ce ſeroit
notre foibleſſe qui nous auroit
perdus.

La foibleſſe eſt en effet regardée
comme notre écueil ordinaire. Quelquefois après que nous avons formé
un plan raiſonnable & que nous
avons bien pris toutes nos précautions, il arrive que les autres nous
présentent

préfentent des obftacles infurmon-
tables, & dérangent toutes nos me-
fures. Mais il arrive auffi fort fouvent que notre amour propre nous
empêche de reconnoître notre ignorance, nous aimons mieux nous
croire foibles, afin d'avoir la liberté
de nous plaindre plus des autres
que de nous - mêmes. Convenons
que prefque toujours les hommes
s'engagent à la fois dans plufieurs
entreprifes, fans en avoir examiné
les difficultés, & qu'ils fe rebutent
affez facilement. Quelquefois même
nous nous abandonnons à des er-
reurs que nous connoiffons, & nous
courons à notre perte les yeux bien
ouverts. Le répentir vient enfuite ;

D

mais il vient fouvent trop tard , & alors nous accufons qui nous pouvons.

Soyons raifonnables , & ne nous plaignons de perfonne. Non feulement ces plaintes font mal fondées ; elles font encore inutiles. Ne nous en prenons qu'à nous mêmes : cherchons ce qui nous a empêché de réuffir. Si cet obftacle eft au dedans de nous , comme cela arrive le plus fouvent , tâchons de nous corriger. Arrachons de notre cœur ce mauvais principe qui en fait le tourment. Employons pour y réuffir toutes les reffources que nous fournit notre propre expérience , & ne négligeons pas non plus de profiter de celle d'autrui.

Si au contraire la caufe de notre malheur eft hors de nous, reconnoiffons franchement notre ignorance, non pas pour nous affliger vainement, mais pour faire mieux. Formons un autre fyftéme; combinons le avec plus de foin; fuivons le avec plus de prudence & d'adreffe; ne nous décourageons pas aifément.

S'il eft poffible que nous foyons heureux, nous ne pouvons le devenir que de cette maniere : la moindre réflexion fuffira pour nous en convaincre. Faifons ufage de notre raifon. Notre bonheur n'eft point auffi aifé à acquérir que celui des autres êtres que nous voyons exifter fur la terre ; mais notre perſpective eſt bien plus belle & plus grande ; nos jouiſſances ſont plus variées, & nos plaiſirs plus étendus. L'homme peut influer ſur le bonheur de tous ſes contemporains, & de toute la poſtérité. Celui que cette idée n'échauffe pas, celui qui ne ſait pas s'en occuper avec fruit, ne connoît pas tout le bonheur dont il eſt ſuſceptible.

V I I.

Sur l'union entre l'homme & la femme.

§. 1. *Sur le mariage, l'adultere, le libertinage, & le concubinage.*

J'AI déjà prouvé ci-deſſus l'utilité de l'union entre l'homme & la femme.

Les loix & les coutumes de chaque pays établiſſent certaines cérémonies & certaines conditions dans cette union, qui prend alors le nom de *mariage.*

Ces loix & ces coutumes, en réglant l'union entre l'homme & la femme, la gênent fouvent, & la gênent tellement, qu'elles font croire à un grand nombre d'hommes, que le fage ne doit point fe marier.

Cependant comme la nature parle à tous les hommes, & qu'il faut que tous leurs befoins foient fatisfaits, ils cherchent à fe dédommager de la privation qu'ils fe font impofée, & forment des unions illégitimes.

Ces unions fe contractent entre perfonnes mariées, ou entre perfonnes libres.

Les premieres fe nomment *adulteres*. Les loix de prefque tous les pays les condamnent avec raifon. En effet, celle des deux perfonnes qui contractent une femblable union, qui a été mariée, manque à un devoir qu'elle s'eft impofée volontairement à elle même. Si elle a été trompée, il eft jufte qu'elle foit punie d'avoir manqué de prudence, & qu'elle fubiffe la peine de fa légéreté en fouffrant une privation devenue néceffaire.

Cette union a d'ailleurs un très-grand inconvénient lorfque la femme eft adultere ; c'eft qu'elle donne à un mari des enfans qu'il n'a pas faits , & qu'il eft cependant obligé d'élever & d'entretenir. S'il fe trouve en avoir d'autres, comment peut-on lui fuppofer affez de force d'ame, pour croire qu'il ne négligera pas l'éducation de ceux dont il n'eſt point le pere, & qu'il ne ſacrifiera pas leur bonheur à celui des autres ?

On doit d'autant plus redouter cet inconvénient, qu'il eſt à préſumer d'un autre côté, que la femme préférera les enfans de celui à qui elle aura été unie par goût & non par devoir ; préférence qui elle même eſt un ſecond inconvénient à craindre de cette union.

L'union entre un homme & une femme qui n'eſt pas mariée, peut ſe faire de deux manieres : ou cette femme ſe livre à ceux qui lui plaiſent, ſoit pour de l'argent, ſoit pour ſatisfaire ſon tempéramment ; ou elle ne s'unit qu'avec un feul homme, fans s'être affujettie aux cérémonies prefcrites par les loix.

La premiere de ces unions eft contraire à la nature, puifqu'elle en pervertit le but qui eft l'exiftence des enfans. Non feulement elle nuit à la génération ; mais encore elle déshonore dans l'opinion publique de prefque tous les hommes, & la mere, & les enfans qui n'ayant point de pere reconnu, reçoivent difficilement une bonne éducation.

La feconde de ces unions eft moins contraire à la nature. Mais outre qu'elle entraîne les deux parties dans la défobéiffance aux loix de leur pays, elle rend plus difficile le bonheur des enfans qui en résultent, parce que l'opinion publique flétrit aussi la mere & les enfans, & que si le pere se marie ensuite, les enfans qui naîtront de son mariage, seront d'une condition trop élevée au dessus de celle de leurs aînés.

Un homme qui voudra être heureux & remplir tous ses devoirs, ne choisira donc aucune de ces unions pour accomplir le vœu de la nature ; il ne s'attachera qu'à une femme libre, & observera avec elle tout ce que lui prescrivent les loix & les usages de son pays.

§. 2. *Du choix d'une épouse.*

Non seulement un homme qui voudra remplir tous ses devoirs, ou ce qui revient au même, un homme *sage*, se mariera ; mais encore il ne se mariera qu'avec la femme qu'il jugera plus propre à vivre heureuse avec lui, & à faire le bonheur de ses enfans.

Pour que ces deux objets soient bien remplis, il faudra qu'une femme réunisse la beauté & la force de l'ame à la beauté & à la force du corps ; il faudra qu'elle jouisse de tous les avantages possibles, afin qu'elle y fasse participer celui à qui elle fera unie, ou fon *époux* & fes enfans.

Cependant, comme elle a autant de droit d'exiger tous ces avantages de fon époux, que celui-ci en a de les exiger d'elle, l'homme fage fe bornera à la femme qui aura à peu près la même fomme d'avantages que lui, & préférera même qu'elle en ait moins, afin qu'elle foit moins en droit d'en exiger, & qu'il puiffe mieux compter fur fa reconnoiffance & fon attachement.

La beauté & la force du corps ne font point une chofe qu'on doive négliger. Non feulement ces deux qualités augmenteront les plaifirs du mariage ; elles fe com-

muniqueront encore aux enfans :
& on eſt dans l'obligation de leur
procurer le plus d'avantages qu'il
eſt poſſible.

Les richeſſes & la naiſſance ne
ſont pas d'une auſſi grande néceſ-
ſité que la ſanté & la force du
corps , ni que la douceur & l'hon-
nêteté du caractere. Elles doivent
néanmoins être telles de part &
d'autre , que les deux contractans
conſervent à peu près l'état qu'ils
occupoient dans le monde avant
le mariage.

Une choſe à laquelle on doit
faire beaucoup d'attention , eſt le
caractere des familles auxquelles on
s'unit. Comme le bonheur des fa-

milles confifte principalement dans l'union de ceux qui la compofent, fi celle à laquelle on s'allie, eft compofée de membres défu-
nis, & s'il faut non feulement la rapprocher de la fienne, mais encore en réunir les différentes par-
ties, il fera difficile que dans les premiers momens d'une action auffi importante que le mariage, on ait affez de tems & de crédit dans une famille jufqu'alors étrangere, pour réuffir à faire fon bonheur malgré elle.

Si au contraire les nouveaux parens qu'on choifit, unis enfemble par leur bon fens & par leur vertu, ont déjà travaillé avec fuc-

cès à leur bonheur mutuel , quelles
efpérances n'eſt-on pas en droit de
concevoir de ſon propre bonheur ,
duquel tant d'amis inſtruits par
leur expérience , vont s'occuper à
l'envi ?

§. 3. Sur la conduite qu'un homme
ſage doit tenir avec ſon épouſe.

Le ſage ne doit ſe propoſer
dans le mariage , que le bonheur
de ſa femme & de ſes enfans :
ainſi tout ce qui eſt contraire à
cet objet , lui doit paroître un
crime.

Il ſera doux avec ſa femme ,
quand la différence de leurs opi-

nions ne portera que fur des chofes de peu d'importance, ou lorfque chacune des deux opinions
ne fera que probable.

Il fera ferme avec fa femme lorfque la différence qui exiftera entre
leurs opinions, portera fur des
chofes importantes , & que la
fienne fera appuyée fur des principes certains.

Il n'exigera de fa femme que
ce qu'il lui aura laiffé le droit
d'exiger de lui. Avant de la con-
damner, il fe fuppofera à fa place,
& examinera attentivement & avec
le moins de prévention qu'il lui
fera poffible, ce qu'il feroit dans
le cas où ils auroient changé de fexe.

Il s'unira avec elle, non point par libertinage, mais pour satiſfaire un beſoin naturel, & pour avoir des enfans le mieux conſtitués qu'il ſoit poſſible. Il ne le fera conſéquemment pas trop fréquemment, ou après s'être livré à un excès quelconque d'eſprit ou de corps.

Ce que je dis des devoirs de l'homme par rapport à la femme, eſt réciproque de l'un à l'autre. Les deux ſexes ont les mêmes devoirs. Seulement les femmes paroiſſent devoir être plus réglées dans leur conduite extérieure, parce qu'elles ſont généralement plus foibles, & que l'opinion a plus de droit ſur elles.

V I I I.

Peut-on être parfaitement heureux
sans esprit ?

ON dit communément qu'un homme est heureux lorsque tous ses besoins naturels sont satisfaits, & le sont de la maniere la plus agréable possible. Si donc on est bien logé, bien nourri, bien vêtu, si on a une femme jolie, aimable & complaisante, on est heureux. Il est évident que je ne parle ici que du bonheur *privé* pour ainsi dire, c'est-à-dire, restreint à la personne dont il s'agit.

Celui qui cherche à se procurer le bonheur aux dépends du bonheur des autres, est un homme injuste & criminel : il doit tôt ou tard être malheureux, & il mérite d'être puni par la société à laquelle il est nuisible.

Celui qui fait se rendre heureux sans faire tort à personne, est un homme sage & juste : il mérite l'estime de la société.

Celui qui s'étant rendu heureux lui-même, trouve encore le moyen de se rendre utile aux autres, & de contribuer à leur bonheur, est un homme vertueux & bienfaisant : il mérite la considération publique, la reconnoissance

& les recompenſes de la ſociété.

Enfin celui qui ſacrifie au bonheur des autres une partie de ſon
propre bonheur , ou même ſon
bonheur tout entier , celui-là ,
dis-je , eſt un héros , il eſt au
deſſus des recompenſes de la ſociété. S'il pouvoit jamais être per-
mis de déifier un homme, celui-
ci mériteroit qu'on lui élevât des
autels.

L'homme injuſte & criminel
doit avoir l'eſprit faux & le cœur
mauvais ; l'homme ſage & juſte a
du bon ſens ; l'homme vertueux
a une ſenſibilité éclairée par le
jugement: il a l'eſprit juſte & le
cœur bon ; le héros a de la ma-

gnanimité, de la générofité & du génie.

Si donc on entend par le parfait bonheur, celui qui eft à la portée de tel ou tel individu, il eft évident que la perfection fera relative : fous ce point de vue, l'homme qui n'aura que du bon fens, pourra être parfaitement heureux dans fon état, c'eft-à-dire qu'il pourra fe procurer à lui-même toutes les commodités de la vie.

Mais fi par le parfait bonheur, on entend l'état de celui qui par fon éducation, fes talens & fa vertu, fera parvenu à mériter le nom de héros, l'homme fans ef-

prit en eſt exclus. Pour être digne de ce nom, il faut réunir tout
ce qu'il y a de grand & de beau
dans la nature humaine. C'eſt un
titre auquel nous devons tous aſ-
pirer, mais que juſqu'à préſent
perſonne n'a mérité que dans l'intention.

I X.

D'où vient que lorsqu'on parle mal
des femmes en général, chaque
femme prend le parti de son sexe
comme si on l'offensoit en parti-
culier, & qu'il n'en est pas de
même des hommes ?

LEs femmes sont physique-
ment plus foibles que les hommes : ceux - ci ont donc fait les
loix , & ont ajouté le joug du
préjugé que donne l'éducation , à
celui que la nature leur avoit déjà
impofé.

Quoique toutes les femmes ne

conviennent pas de leur foibleſſe,
elles la ſentent, & en concluent
intérieurement qu'elles doivent ſe
réunir contre ceux qu'elles regar-
dent comme leurs tyrans. Tel eſt,
je crois, le principe de l'obſerva-
tion qui a donné lieu à la' queſtion propoſée.

X

X.

D'où vient qu'on imagine plutôt trouver une belle ame, un bon caractere, dans une belle femme, que dans une laide?

Toutes nos idées, ou fi l'on veut la plus grande partie d'entr'elles, viennent des fens; & tous nos fens aboutiffent à un centre commun, dans lequel nos fenfations fe réuniffent pour former un dépôt de connoiffances proportionné à notre fenfibilité, à notre jugement & à notre mémoire.

Il s'enfuit delà que les fenfations différentes que nous recevons, ont une influence néceſſaire les unes ſur les autres, quoique nous les recevions par le moyen de différens organes.

Nous ſommes donc naturellement portés à croire que l'objet qui a produit une ſenſation agréable dans l'un de nos ſens, en doit cauſer une ſemblable dans tous les autres. Ce n'eſt qu'une longue & fréquente expérience qui nous déſabuſe de cette erreur.

D'ailleurs la beauté annonce la ſanté, & une ſanté continue annonce la tempérance & les vertus qui en dépendent.

Bien plus : je crois pouvoir

dire qu'une belle femme doit réellement être exempte de plusieurs
passions basses qui peuvent en
tourmenter une laide. L'envie, la
jalousie, ne doivent point entrer
dans son cœur.

Elle est à la vérité plus souvent
flatée ; quelquefois même, en
s'occupant de ses qualités extérieu-
res, on oublie d'axaminer son intérieur : elle peut l'oublier aussi
elle-même, & ne penser qu'à devenir une belle statue.

L'opinion où sont la plupart
des hommes qu'une belle ame, un
bon caractere doivent se trouver
plutôt dans une belle femme que
dans une laide, n'est donc pas

abfolument dépourvue de fonde-
ment : mais en général c'eft plutôt une illufion de nos fens qu'un
jugement éclairé de notre ame.

X I.

D'où vient qu'aucune femme ne se croit laide ? est - ce la faute des hommes ?

S'IL eſt vrai que les femmes doivent aux hommes la plupart de leurs opinions , c'eſt ſurtout en matiere de beauté , où je ne connois point d'autres regles que celle-là. La réponſe jointe à cette queſtion me paroît conſéquemment hors de doute.

E 3

X I I.

D'où vient que l'homme, né libre, tend toujours vers un esclavage quelconque ?

DE même que le corps a befoin d'exercice, l'efprit a befoin d'occupation. L'ennui, le chagrin, dévorent un homme défœuvré.

Il ne fuffit pas d'avoir un projet, pour que l'efprit foit occupé ; il faut encore qu'il y trouve affez de difficultés pour ne pas réuffir trop facilement, & affez de facilité pour qu'il ait quelque efpérance de fuccès.

Les intérêts font tellement croifés dans une fociété auffi nomʒbreufe & auffi active que la nôtre,ʹ que la perfévérance & un travail fuivi nous font néceffaires pour que nous puiffions fatisfaire les fouhaits les plus modérés.

Cette conftance dans le travail peut bien être appelée un efclavage; mais dans le fens que j'attache à ce mot, elle n'en eft réellement un que lorfque le but vers lequel nous tendons, n'eft pas celui que nous devions nous propofer.

L'ambitieux, l'avare, font efclaves de leurs paffions : l'homme économe, l'homme qui cherche à se rendre utile à ses semblables autant seulement qu'il peut le faire , & que ses semblables le defirent , sont sages , & soumis à une regle peut-être plus sévere que les premiers ; mais cet assujétissement étant dans l'ordre de notre nature , est précisément ce qui nous rend heureux , puisqu'il nous conserve dans un état où nous sommes contens de nous mêmes & des autres.

La classe des premiers est à la vérité plus nombreuse : pourquoi? c'est que nous sommes foibles & ignorans. Notre ignorance nous empêche de connoître les moyens de faire notre bonheur ; notre

foibleſſe empêche que nous ne faſ-
ſions uſage des moyens que nous
connoiſſons.

XIII.

D'où vient que le Nord ne fournit plus de ces émigrations fréquentes qui ont autrefois bouleversé l'Europe ?

LEs Romains subjuguerent autrefois toutes les nations qu'ils connoissoient ; leur superbe capitale engloutit les richesses & la population du monde entier. A peine quittoit-on l'Italie , qu'on trouvoit des déserts immenses. Ces déserts donnoient à des peuples belliqueux , dont l'éducation n'augmentoit que les forces du corps, la facilité d'approcher de ces vainqueurs du monde, que le luxe avoit amollis & énervés. Si l'art militaire n'eût pas été porté chez les Romains à un si haut degré de perfection, ils auroient été vaincus & subjugués malgré les Marius & les Céſar.

Mais lorſque cet art penchant vers ſa ruine, les Empereurs eurent admis les barbares dans leurs troupes, ceux-ci joignant l'habileté à la force, devinrent néceſſairement les maîtres.

Le ſuccès les fit paroître plus nombreux plutôt qu'une population plus grande qu'aujourd'hui. Les armées des Goths, des Hérules, des Lombards, n'étoient pas uniquement compofées par les peuples dont elles portoient le nom. Tous les gens fans aveu & fans autres reffources, s'uniffoient avec ces brigands, & partageoient le butin.

Si donc on ne voit plus aujour-d'hui de ces émigrations, ce n'eft pas que le Nord fourniffe moins d'hommes; mais ces hommes n'ont plus les mêmes moyens d'envahir les états voifins. L'Europe n'eft plus foumife au même maître : partagée entre différens princes, elle eft mieux cultivée, mieux habitée, mieux défendue; fes dif-férentes parties étant hériffées de places fortifiées qui en rendent l'accès plus difficile, foutenues par des corps de troupes toujours armées & toujours exercées, il eft devenu prefque impoffible de faire de ces invafions fubites qui autrefois foumettoient des royaumes en un feul jour.

L'artillerie a rendu la guerre plus lente & moins dangereufe.

L'invention de l'imprimerie, l'établiffement des couriers, l'ufage des ambaffadeurs, ont rendu la communication auffi prompte qu'aifée entre les différentes parties du monde. Le commerce & la navigation y ont auffi contribué. Toutes les parties de l'univers font

devenues mieux liées entr'elles, &
les divers établiſſemens qui y ſont
repandus, en ont acquis plus de
ſolidité.

Telles ſont, je crois, les raiſons qui retiennent chaque peuple
dans les limites par leſquelles il
ſe trouve reſſerré. J'ajoute que
vraiſemblablement les conquêtes
deviendront toujours plus diffici-
les, & je ne déſeſpére pas de voir
un jour les guerres moins fréquentes & moins dangereuſes. Elles
le ſont même déjà : nous avons eu
une paix aſſez longue. L'intérieur
du royaume n'a point été en proie
aux gens de guerre depuis les
derniers maſſacres des Huguénots,

qui même n'ont pas été étendus
fur beaucoup de monde. Les peuples mêmes qui font le plus expofés au fléau, n'en fouffrent pas
à beaucoup près autant qu'autrefois.

Quelqu'éloignés que nous foyons
de la perfection, tout fe perfec-
tionne peu à peu. Une lecture ap-
profondie de l'hiftoire fuffit pour
nous convaincre de cette vérité
confolante, & nous encourager à
contribuer autant qu'il eft en
nous, à ce perfectionnement.

X I V.

En supposant que le mariage fasse
le bonheur des deux sexes , quel
est celui des deux qui y gagne
le plus ?

TOUTES les fois que deux per-
sonnes sont liées par un contrat
ou un besoin, il est évident que
lorsque l'obligation est satisfaite,
celui qui y gagne le plus, est
celui qui étoit le plus foible,
parce qu'il étoit moins en état
d'en exiger l'exécution.

Or le mariage satisfait un besoin
commun à l'homme & à la femme;

& celle-ci étant la plus foible,
me paroit être celle qui y gagne
le plus.

Il eſt vrai que le beſoin de
l'homme étant en général plus
grand que celui de la femme, il
doit être plus empreſſé de jouir,
& plus ſatisfait d'avoir joui. Mais
auſſi le beſoin phyſique n'eſt pas
le ſeul qui porte les deux ſexes
au mariage : le beſoin moral,
principe de la ſociété, eſt peut-
être plus vif encore ; & la foibleſſe des femmes le rend beaucoup plus grand à leur égard.

Je perſiſte donc à croire que
ce ſont elles qui y gagnent le plus.

Il eſt vrai que par le mariage

les deux parties contractent de nouveaux devoirs, peut-être plus rigoureux pour la femme que pour l'homme; mais cette objection est écartée par la question qui suppose que le mariage fait le bonheur des deux sexes.

F I N.

TABLE

DES MATIERES.

Contraste insuffisant

NF Z 43-120-14

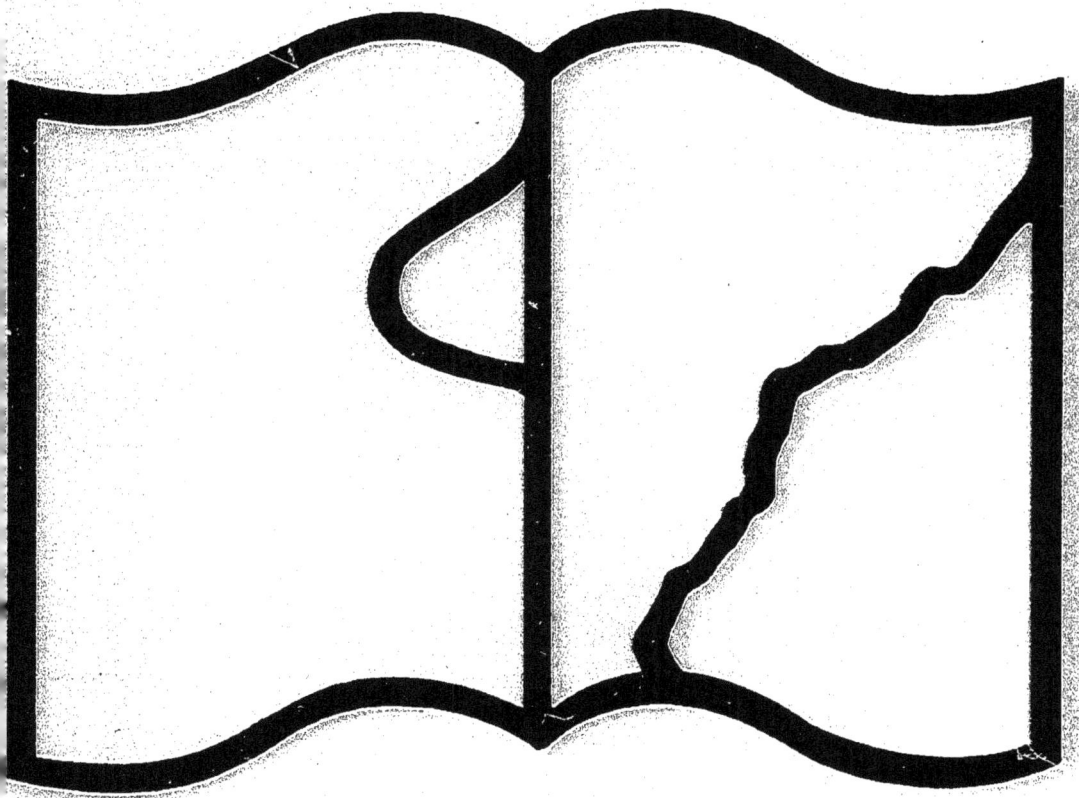

Texte détérioré — reliure défectueuse

NF Z 43-120-11

www.ingramcontent.com/pod-product-compliance
Lightning Source LLC
Chambersburg PA
CBHW060605100426
42744CB00008B/1321